谨以此书献给我甜蜜可爱的宝贝女儿瑞安 (RoeAnne)。

新加坡 积极学习力

STUDY HARD

[新加坡] 张郁之 / 著·绘　廖丽 / 译

培养行动力

天地出版社 TIANDI PRESS

图书在版编目(CIP)数据

培养行动力 / (新加坡) 张郁之著绘；廖丽译. —
成都：天地出版社, 2024.1 (2024.3重印)
（积极学习力）
ISBN 978-7-5455-7964-2

Ⅰ. ①培… Ⅱ. ①张… ②廖… Ⅲ. ①学习方法—青少年读物 Ⅳ. ①G791-49

中国国家版本馆CIP数据核字（2023）第195253号

First published in Singapore by Armour Publishing.
The simplified Chinese translation rights arranged through Rightol Media
(本中文简体版权经由锐拓传媒旗下小锐取得Email:copyright@rightol.com)

著作权登记号　图进字：21-2017-465

PEIYANG XINGDONGLI

培养行动力

出 品 人	杨　政	责任校对	张思秋
总 策 划	陈　德	美术设计	霍笛文
著 绘 者	[新加坡]张郁之	排版制作	书情文化
译　　者	廖　丽	营销编辑	魏　武
策划编辑	李婷婷	责任印制	刘　元　葛红梅
责任编辑	罗　艳		

出版发行　天地出版社
　　　　　（成都市锦江区三色路238号　邮政编码：610023）
　　　　　（北京市方庄芳群园3区3号　邮政编码：100078）
网　　址　http://www.tiandiph.com
电子邮箱　tianditg@163.com
总 经 销　新华文轩出版传媒股份有限公司

印　　刷　北京文昌阁彩色印刷有限责任公司
版　　次　2024年1月第1版
印　　次　2024年3月第2次印刷
开　　本　889mm×1194mm 1/32
印　　张　16.75
字　　数　350千字
定　　价　100.00元（全4册）
书　　号　ISBN 978-7-5455-7964-2

版权所有◆违者必究
咨询电话：（028）86361282（总编室）
购书热线：（010）67693207（市场部）

如有印装错误，请与本社联系调换。

目 录

001 前　言

003 导　读

007 第一章
设定有效的行动目标

027 第二章
制订合理的实施方案

041 第三章
提升专业技能

053 第四章
保持学习的激情

063 第五章
态度比能力更重要

075 第六章
用承诺倒逼行动

085 第七章
高效管理时间

097 第八章
妙用具象化力量

107
第九章
做事要有条理

117
第十章
摆脱消极状态

129
后　记

132
参考书目

133
索　引

135
致　谢

前言

从拿起这本书的那一刻起,我就知道我即将开始一段惬意的阅读之旅。为此向作者表示祝贺!因为我是一个对阅读要求很高的读者,无法接受那些承诺得好听,却无法实际应用的书。可是,这本书征服了我,因为它不仅有实用价值,还给了我许多有益的启发!

与青少年打过交道的人都知道,有这么一个奇怪的现象:许多正处在身心快速成长过程中的青少年做事情却慢得出奇,他们患上了郁之在他的另一本书中探讨的拖延症——这是种很多人很容易甚至不知不觉就染上的坏习惯,实在是令人沮丧。

在本书中,郁之睿智地提出了要立即行动的主张。我很高兴他在书中智慧地说明了立即行动的重要性。郁之机智的用语常常让我忍不住大笑出声(只要浏览任意 5 页内容就能证明这一点)——他通过大量的例子和恰当有趣的插图,从广泛的人类活动出发,有力地说明了立即行动的理由。他提供了实用的、易操作的方法来帮助我们清除采取行动时可能遇到的障碍。即便在我这个年纪（我已经六十几岁了），仍然感觉郁之的方法非常有趣和吸引人。他把困难变成了挑战，把问题变成了可管理的DIY——可以自己动手解决的小玩意儿。这简直太不可思议了！

我非常喜欢这本书每个章节开头的引言，它们精辟、发人深省而且非常有趣——甚至可以用"可爱"来形容。用一则引言来开篇确实是个有趣的小点子，我们会不由自主地跟着它做，并且被它逗乐！而我们在微笑的同时，自然就领悟了其中的道理。

郁之很谦虚地说这本书是写给青少年的，要我说，这是为我们所有人写的，无论男女老少、新加坡人还是非新加坡人。这本书不仅阅读起来很有乐趣，它还鼓励我们行动起来，做到言出必行。

对于作者，我必须要说：祝贺你，郁之，你再一次做到了！对于读者，我要说：翻开这本书吧，它值得你一读再读！

科帕尔·辛格（Kirpal Singh）

新加坡管理大学教授

导 读

你是否曾对着流星许下愿望，期盼愿望成真？比如，希望在课堂上或课外活动中成为表现最好的学生。

可是，我们虔诚地祈求，愿望真的就能实现吗？当然不是。不过，你可能会问，那些愿望成真的案例又该怎么解释呢？

大概是运气吧！不过，事实上，愿望成真 99% 是因为人们下定决心要去实现它们。

这就引出了一个问题：怎样做才能让愿望成真？

答案是：迈出第一步，立即行动起来。

作为一个"退了休的青少年"，我理解当下的青少年在踏上学习和人生探索之旅后所面临的困难和问题。有时，由于父母、学校和自身过高的要求和期望，青少年会感到不知所措，无从着手。而这就是我写作这本书的缘由。

这本穿插着插图和小故事的书，想要告诉青少年立即行动的重要性，同时也为立即行动提供了一些有用的建议。在这本书中，我将和青少年一起探讨采取行动所需的重要步骤，以及维持和推动这一系列行动所需的态度和技能。这些技能是许多成功的商界人士和优秀的青少年尝试、检验过的。所以,花一些时间来阅读这本书吧,它可以帮助你在成功之旅中走得更顺畅。

在开始这段令人兴奋的旅程之前,我先和你们分享一个故事。

从前有一只小鸟,她很爱唱歌。冬天来了,其他鸟儿都忙着把窝做得更暖和,她却视若不见,继续快乐地唱着。其他小伙伴好心建议她做过冬的准备,但她并不放在心上。

"不着急,天还不太冷,我可以用美妙的歌声来温暖自己的身体。"她说。

天气越来越冷,这只鸟儿夜里被冻得瑟瑟发抖,于是她下定决心第二天就开始做窝。可是,第二天早晨太阳一出来,她又恢复了常态,在阳光下婉转歌唱。

不久后一个寒冷的夜晚,天空下起了雪……

第二天早上,鸟儿们像往常一样,期待着

美妙的歌声准时响起,却始终没听到任何声音,飞过去一看,才发现这只鸟儿已经气息全无。

在应当行动的时候,就不能拖延,别总以为自己还有时间,否则,就会落得和故事中的小鸟一样的下场。

所以,不想"被冻死",我们就得立即行动起来!

第一章

设定有效的行动目标

作为学生,应该给自己设定什么类型的目标呢?在本章中,作者特别引入了 SMART 目标的概念:

- 具体的(Specific):具体可行的目标;
- 可量化的(Measurable):可被量化、分解的目标;
- 切实可行的(Achievable):有"计"可施、能实现的目标;
- 现实的(Realistic):不是虚无缥缈的,而是可把控的目标;
- 有时效性的(Time-based):设置有完成周期的目标。

根据这几点要求,为自己设定一个 SMART 目标吧!有了目标,我们就迈出了走向成功的第一步!

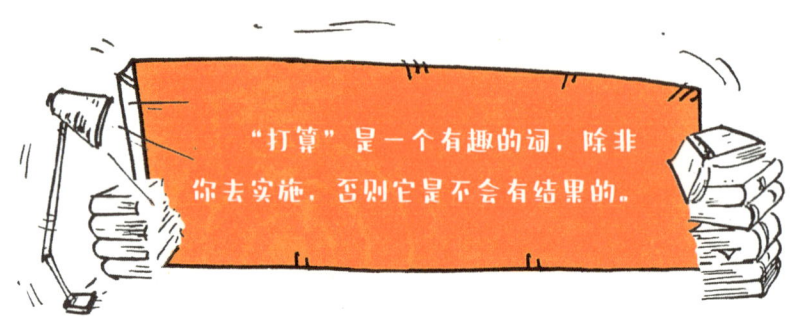

"打算"是一个有趣的词,除非你去实施,否则它是不会有结果的。

设定目标的重要性

想象一下,一个猎人正准备射杀野鸭,他举起枪才发现天空中什么也没有。

行动之前,我们需要清楚自己的目标是什么。没有目标可以瞄准,猎人就无法射击,他不可能指望朝着天空乱射一通,就能射中他想要的东西。同样,没有明确的目标,我们在学校里或生活中就不清楚自己到底想要成就什么。当

目标在哪里?

第一章　设定有效的行动目标

没有目标，就不会焦虑?

然，我们可以一边行动一边寻找自己的目标，但大多数情况下，没有目标的行动是很难让我们从中获益的。

所以，目标是至关重要的。这是我们在采取行动之前首先要认真思考、解决的问题。

想象一下，没有目标我们的生活会怎样？当然，你还是个学生，或许依然过得无忧无虑，什么也不用担心，但从长远来看，长大后你会变成什么样子？很可能会变得懒散、缺乏活力。你的生活也许过得平静安宁，却没有什么值得期待的内容。

人们设定目标有各种各样的原因。作为一名学生，你

可能想在即将到来的考试中取得好成绩,或者想在越野赛中争得第一,或者想减轻体重。无论如何,设定目标很重要,原因有以下几点:

第一,为取得成就提供了努力的方向。

目标就像一个箭头,为我们指明前进的方向。目标也像一个指南针,让我们明白生活中什么样的成就是最重要的,并鼓励我们为之努力。没有目标,我们几乎什么也无法实现。成功的人在行动前都为自己设定好了目标。例如,发明电灯泡的托马斯·爱迪生和发明电话的亚历山大·格雷厄姆·贝尔等伟大的发明家,一开始就为自己设定了清晰的目标,继而才有了那些推动社会进步的重大发明。

指明前进的方向①

---

① 本书所有图片中的英文的释义,详见文末《索引》。

第一章 设定有效的行动目标

目标的实现也让我们体会到了成就感。一旦目标确定下来,我们心中就会对实现目标的那一刻有所期待。

第二,让我们不断鞭策自己。

目标一旦确定,我们就会朝着它去努力,鞭策自己不停地前进。大多数时候,实现目标的过程比结果本身更有价值。在这个过程中,我们充分发掘自己的潜能,从而达到新的高度。例如,如果在测验前没有设定任何目标,我们很可能只能得到一个一般的成绩,甚至可能发挥失常。但是,如果事先设定了目标,比如满分 100 分,目标是 90 分,那么我们就会尽全力去达成目标。即便最后我们没能成功,但相较于无目标地去考试,得到的结果肯定会更接近 90 分。

鞭策自己

第三,优先处理更重要的任务。

目标清晰也能帮助我们专注于重要的事情。例如,如果我们手里有很多项待完成的任务,因为目标明确,我们就会按重要程度给它们排序,并把更多的注意力放在更重要的任务上。

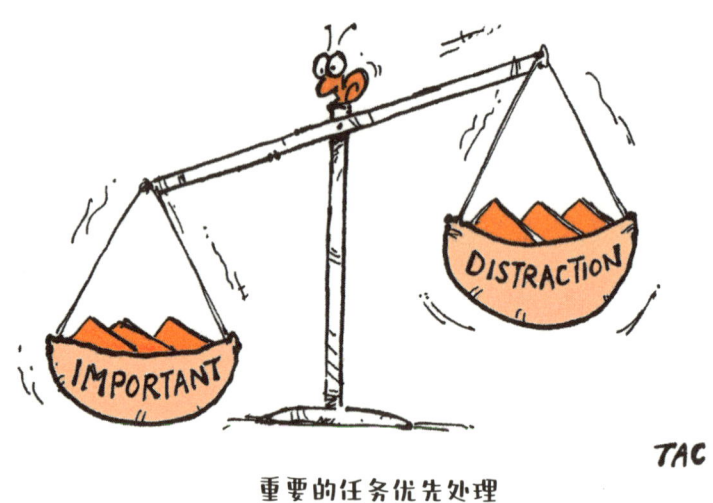

重要的任务优先处理

第四,帮助我们建立信心。

随着一个个目标的实现,我们的信心会逐渐增强。随着信心的增强,我们就敢于设定更远大的目标,从而取得更大的成功。

第一章 设定有效的行动目标

获得成功!

目标的类型

现在,你清楚设定目标的原因及重要性了吧?接下来,问题来了:我们应该为自己设定怎样的目标?

我们可以按类别来设定目标:

· 学习目标
· 健康目标
· 人际关系目标
· 家庭目标

设定怎样的目标？

· 工作目标

· 经济目标

除了这些分类，我们也可以按时间来设定目标：

· 短期目标——以1年或更短时间为期

· 中期目标——以1—5年为期

· 长期目标——以5年或5年以上为期

不同的人有不同的目标。青少年可以为自己设定一个与学习有关的目标，努力让自己成为学校里的佼佼者；年轻的上班族可以设定一个工作目标，譬如在两年内成为一名职业经理人。无论如何，心中有目标对任何一个人来说，都是迈出了走向成功的第一步。

第一章 设定有效的行动目标

把目标写下来

了解了目标的类型,那么,下一步做什么呢?

有句话说得非常好:"不要只是想,要写下来。"如果不把目标写下来,它很可能就只停留在你的脑海中。而一旦把它写在纸上,就会产生一种神奇的效果——目标变得更加具体,我们能清楚地看到它,确切地知道目标已经确定了。

更加具体

下面这个故事就向我们展示了设定和拥有目标的重要性。

哈佛大学的故事

1979年,哈佛大学工商管理专业的硕士研究生参加了一项调研。他们需要回答以下几个问题:是否为未来制订

了明确的目标？是否将目标写了下来？是否为实现这些目标制订了可行的计划？根据回复统计，只有3%的学生写下了目标、制订了计划，13%的学生有目标，但没有把目标写下来，84%的学生没有明确的目标。

书面目标的强大效应

10年后，这些学生又聚在一起，研究人员发现，写下了明确目标的那3%的学生比没有写下目标的97%的学生赚的钱要多10倍！

这个故事展示了将目标写下来所产生的强大效应。所以，就在今天，写下你的目标吧！

尽力而为、量力而行

有句谚语说："以月亮为目标，即便错过了，你还能拥有星星。"这是我们应该拥有的一种良好心态。但我们也要明白，尽管我们可以为自己设定一个远大的目标，但这

第一章 设定有效的行动目标

个目标至少应该是可以实现的。因此，如果我们的目标是在一项运动中表现出色，那我们就需要评估自己目前的水准，进行针对性训练。举个例子，如果想像大卫·贝克汉姆那样成为足球明星，练成他擅长的横传，我们就不能指望训练几次就办到，要知道，贝克汉姆可是努力多年才达到这个水平。

以奔月为目标

所以，虽然以贝克汉姆取得的成就为奋斗目标是很好的，但我们仍然需要付出艰辛的努力去实现这个目标。即便最终达不到他那样的水平，付出的努力也会让我们成为更好的球员。

自己的目标自己定

父母和老师对我们的期望很高，为了让我们能达成这些期望，有时他们会为我们设定目标。虽然他们这么做是真心为我们好，我们应当理解并体谅，但是，如果他们设定的目标不是自己想要的，行动起来难免缺乏激情和动力。

如果有人为你设定了你不想要的目标，你会有什么感觉？我相信，被迫去实现别人定下的目标，你的感觉不会好。所以，一开始，我们就需要非常清楚地提出自己的目

到底是谁的目标？

标，否则其他人可能就会把他们的期望强加给我们。

此外，在设定目标的过程中，我们也能清楚地知道哪些事情更重要。

如何设定目标

确定目标很重要，但目标太多也不行。如果猎人猎杀野鸭时，打算一枪射下好几只鸭子，那最可能的结果就是空手而归。因此，我们需要知道自己想要什么，并按照重要程度进行排序，把重要的目标先列出来。

瞄准哪一只？

不仅在设定目标时需要充分地思考和权衡，而且对于已经确定的目标，判断其是否具有可行性也非常重要。当事情进展不顺利的时候怎么办？要么改变目标，要么彻底放弃。虽然遇到困难时，大家通常会鼓励我们灵活处理，但也不能过于随意，导致目标不断变化，否则我们很可能永远到不了终点。

不断改变目标

我的创作目标

在写我的第一本书时，我给自己设定了一个目标——在一年内完成写作和插图并出版。虽然过程很漫长，我也因此度过了许多个不眠之夜，但因为目标具体可行，我最终坚持了下来。

那本书完成之后，我在寻找出版社时也遇到了困难。这不是一件容易的事情，因为大多数出版社都不愿意签新作者。经历了无数次的拒绝和挫折，几个月后终于有出版社看到了这本书的潜力。书成功出版了！

所以你看，我设定了目标，激发了自己的创作欲望，克服重重困难，坚持完成它，最终将它出版，实现了目标。

设定一个SMART目标

设定一个SMART目标非常重要。关于SMART目标有多种解释，但应用较为广泛的是下面这种：

具体的（Specific）：

设定的目标应该是具体的，以便我们知道需要做出哪些努力。含糊不清的目标没有可操作性，是不可能实现的。

可量化的（Measurable）：

确保目标可以被量化，或可以与别的事物做比较。否则，这种目标将很难被分解、实现。

切实可行的（Achievable）：

这一点很重要，找不准目标，我们就无法制订计划，最终会让我们望而却步，半途而废。

现实的（Realistic）：

我们可以在合理的范围内，尽量把目标定得高远一些，但

必须确保它不是我们拼尽全力也不可及的，否则再努力也无法实现它。

有时效性的（Time-based）：

没有时效性的目标可能需要很长时间才能实现，或者根本无法实现——我们甚至不知道应该在什么时候完成它。

SMART 目标

这里有一个例子，可以让青少年明白如何为自己设定一个 SMART 目标并顺利实现它。

设定一个 SMART 目标：在英语测试中考得 A。

杰米是一名正在努力学习英语的学生。她在英语测验和考试中一直不及格，但她没有放弃，并且决心考得好成绩。所以，她为自己设定了如下目标：

具体的：通过年终考试。

可量化的：至少考得 60 分。

切实可行的：设定的考试目标是可行的，是可以一步步实现的。

现实的：基于她目前的水平，这个目标不是遥不可

第一章 设定有效的行动目标

及的。

有时效性的:她大概有 4 个月的时间来实现目标。

设定目标以后,杰米勤奋努力,坚持不懈地学习着。很快,她第一次在英文考试中考及格。杰米继续刻苦学习,最后在年终考试中得到 A2。对于杰米来说,这真是非常优异的成绩。现在,她满怀信心地为自己设定了另一个 SMART 目标,那就是在国家统一考试中取得好成绩。

杰米的故事告诉我们,设定 SMART 目标,实际上就是迈出了实现目标的第一步。SMART 目标让我们既能看清大

实现目标

局,又能感受到自己的点滴进步。实现目标的渐进过程是重要的,因为我们需要付出必要的努力来获得回报。并且,一旦实现了一个SMART目标,我们就可以设定下一个更有雄心的目标,获取更大的成就。

试一试,列出你的目标清单

列出你希望达到的目标清单。你可以根据时间或类别将它们进行分类。记住,要尽可能具体。

例如:

我的短期学习目标:在期中考试时,将英语成绩从50分提高到70分。

我的长期职业目标:大学毕业后成为一名会计师。

我的短期目标(1年内):

_____

_____

我的中期目标(1—5年):

_____

_____

第一章 设定有效的行动目标

我的长期目标（5年以上）：

_____

_____

结论

人们之所以会感到迷茫，是因为他们不清楚自己到底想要什么。所以，请把你的目光聚焦到一个目标上，然后通过努力奋斗去实现它吧！

瞄准目标

第二章

制订合理的实施方案

学生在学习和生活中,常被如下问题困扰:

· 有很多事情要做,却不知道从何处着手;
· 事情做到一半,却没有取得实质性的进展,于是中途放弃;
· 动笔前没有理清思路,于是作文写到半路陷入僵局。
....

之所以会面临这些困惑,主要是因为缺少行动计划。作者在本章中特别介绍了"5W法"来帮助学生制订行动计划。想知道5W法具体包括哪些步骤吗?进入本章去看看作者是如何讲解的吧。

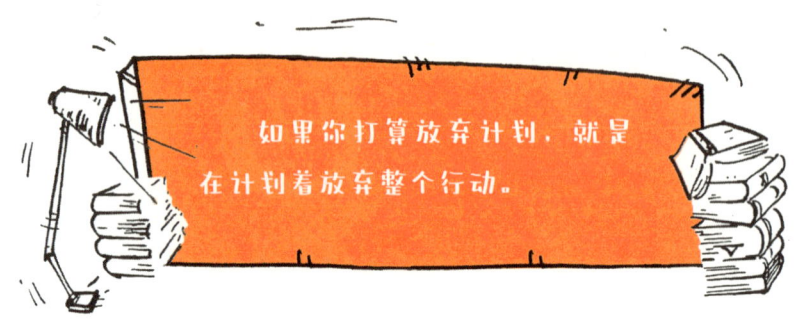

如果你打算放弃计划,就是在计划着放弃整个行动。

上一章告诉了大家获得成功的第一步是设定目标,接下来我们将探讨如何实现目标。

从制订方案着手

你是否觉得有很多事情要做,却不知道从何处着手?或者,你已经开始做一件事情,却没有取得任何进展,于是半途而废?

大多数人都有过这样的经历,但有些人克服了困难,顺利地完成了任务。他们成功的秘诀就在于:确定了目标,并制订了实施方案。

遇到问题并不可怕,只要制订出一个合理的方案就能解决它。在体育运动中,我们常常可以看到,靠教练制订的策略,团队才能击败对手,在比赛中胜出。比如,美国芝加哥公牛队的前教练菲尔·杰克逊,以迈克尔·乔丹为

第二章 制订合理的实施方案

从何处着手?

核心,采取三角进攻战术,让整个团队在比赛中达到了新高度——在他的引领下,公牛队在8年内赢得6次NBA总冠军。

你是否有过这样的经历:在完成一篇作文时,因为动笔前没有列出提纲而半路陷入困局?

我过去也常常没有理清思路就动笔,我会写下所有钻进我脑子里的念头。结果,写的文章杂乱无章,毫无逻辑可言。你可以想象一下,我要删除的文字和要用掉的修正液有多少!

有一个成语叫"有备无患",我觉得它非常有用,非常有道理,而且很容易记住。没有前期的准备和计划,我们怎么能做到最好呢?

因此,为了实现目标,我们有必要确定一个方案,并且列出每一个实施步骤。

制订方案的重要性

提前制订方案有许多好处,这里仅列举其中主要的 5 个好处:

第一,让我们思考、鉴别出关键问题。

例如,我们要组织一次聚会,在制订方案时,我们就会发现聚会的主题、宾客的名单、举办的地点、准备的食物等是关键问题,需要提前考虑清楚。

第二,让我们规划好再行动。

组织一次聚会

第二章 制订合理的实施方案

为了聚会组织成功,我们需要规划好具体的步骤,比如:什么时候发出邀请函,何时确认客人出席与否,要准备多少食物,宴会承办人什么时候开始准备,等等。

第三,让我们探索各种可能性。

制订方案的过程中我们会主动思考"如果……该怎么办?"例如:如果到时很多朋友不能来参加聚会该怎么办?我们来得及通知酒店调整既定的安排吗?是否可以改变聚会的时间,这样能让更多的朋友来参加?

第四,让我们清楚自己的长处和短处。

例如,在根据制订的方案筹备聚会的过程中,我们可能会发现,自己很善于为聚会出谋划策,但缺乏讨价还价的能力。

第五,让我们节省时间和物资。

在方案中安排好了聚会的各个环节,就可以帮助我们节省各项成本。例如,如果知道酒店至少需要3天的时间来准备食材,我们就会在聚会前一个星期请朋友们确认自己是否出席,以便确定最终出席人数,以免浪费食物,减少不必要的开支。

K.I.S.S. 模式

方案可以是简单的,也可以是复杂的。我更喜欢简单的方案,毕竟,谁能记住复杂的条条款款呢?

K.I.S.S. 模式,就是 Keep It Short and Simple,其实就是让我们力求简洁。在拟订方案时,这是一个很有用的理念。通常,我们一开始总是倾向于制订复杂的方案,可实际情况是,复杂的方案既不容易理解,也很难实施。

KISS ≠ K.I.S.S.   TAC

我有个叫亚历克斯的学生,他每次做出的方案都很烦琐。有一次,由他负责策划一个社区服务项目,他制订的方案涉及多个机构和人,为了监控项目进度,他搭建的联系网络也非常复杂。结果,他把自己都搞糊涂了。

制订方案的步骤——"5W 法"

俗话说,罗马不是一天建成的。对待任何一项任务,我们都必须一步一步地来,要先学会爬,再学走。同样,我们可以将方案分解为一些基本步骤来逐步实施。

我们可以使用 5W 法来制订方案,从而达成我们的目标。以下就是能够帮助我们制订出方案的导向性问题:

第一,为什么(Why)要达成这个目标?

我们必须明白执行这项任务的目的,清楚地提出目标和宗旨。

第二,有什么(What)方案可以使用?

我们应当考虑用不同的方案来完成这项任务。

第二,谁(Who)会被涉及?

有时候任务可能会涉及其他人。我们在制订方案前,需要清楚这些细节。

第四,何时(When)完成?

项目的截止日期不可

"5W 法"

或缺，否则，即使做好了方案，项目也很可能无法完成。

第五，哪里（Where）有我们需要的资源？

制订方案前，我们必须弄清楚完成项目需要的资源去哪里找，譬如由哪些人来具体实施，执行项目需要的各种物资应该去哪里领取或搜集。

我的创作方案——运用 5W 法

在写这本书的时候，我就采用了 5W 法。首先，我写这本书是为了让青少年了解实现目标需要制订什么策略和采取哪些步骤（关于 Why 的问题）。其次，虽然写作方案多种多样，但最为人所熟知的一种是从头到尾按顺序写，而我

第二章 制订合理的实施方案

选择了先拟出章节标题（关于 What 的问题）。在对作品的整体架构有了清晰的想法之后，我接着拟出每一个章节的小标题，于是，这部作品的写作框架就搭建起来了。接下来，我只需要根据每个标题填充相应的内容就行。因此，我没有必要按顺序写这本书，对我而言，那得花更长的时间。因为提前搭建好了框架，在创作过程中，被个别地方卡住写不下去的时候，我就可以先写其他的章节换换思路。因此，这种方案使我能够灵活安排写作，直至完成这本书。

这本书由出版社负责编辑出版。如果我在创作过程中，创作思路、体例清晰有逻辑，对他们来说，出版过程就会

运用 5W 法创作这本书

更容易、更顺利（关于 Who 的问题）。

截稿日期是由出版社设定的，但在这个基础上，我还给自己设定了一个个小期限来分解任务，这样我就更有动力按时甚至提前完成任务（关于 When 的问题）。

在需要写作素材的时候，我喜欢通过互联网查找或去图书馆查阅，这是我收集资料最常用的途径（关于 Where 的问题）。

灵活实施方案

一旦制订了方案，我们就应该严格执行，坚持下去。但有时候，在执行的过程中会有突发状况，遇到障碍。

例如，正在紧锣密鼓地筹备音乐会或重要演出时，我们却突然得了流感，极大地扰乱了演出的计划。这时，我们就需要灵活处理这个突发事件。例如，让自己尽快康复，病好之后，将余下的准备时间安排得更合理更紧凑，努力弥补因生病而错过的练习。这可能意味着减少玩电脑或者和朋友聊天的时间，但如果想要成功，我们就必须适当做出牺牲。

其实，灵活地实施方案就意味着我们在面对障碍时，

第二章 制订合理的实施方案

可以根据实际情况合理地调整方案。因此,我们需要不时地反思、检查方案,以便顺利推进。

学以致用

让我们把刚刚学到的东西付诸实践吧!在此之前,请试着回答以下问题:

第一,你是否有过没制订计划就开始行动的经历?

第二,结果如何?

第三,设想一下,如果制订了计划再行动,结果会如何?

你关于第二个问题的答案很可能不尽如人意,就算结果还不错,但相信如果事前做足准备,结果肯定会更好。

现在,我们来试着使用 5W 法,为你想要达到的目标制订一个方案吧!

为什么(Why)要达成这个目标?

_____

_____

_____

有哪些(What)方案可以用?

涉及哪些人（Who）？

要求何时（When）完成？

去哪里（Where）搜集需要的资源？

第二章 制订合理的实施方案

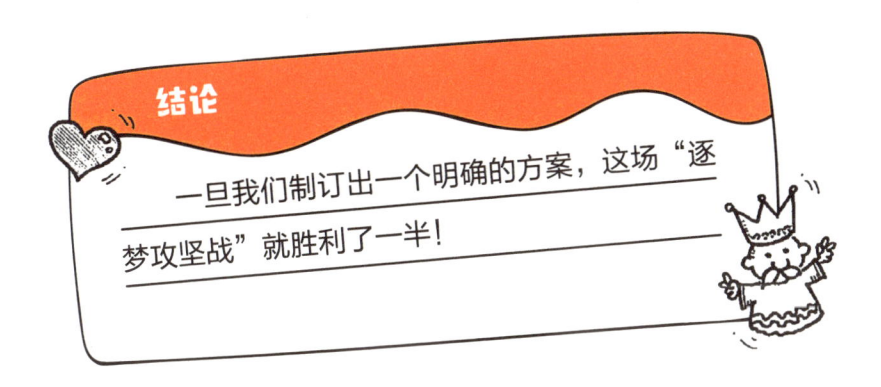

> **结论**
>
> 一旦我们制订出一个明确的方案，这场"逐梦攻坚战"就胜利了一半！

制订方案

第三章

提升专业技能

如何做,学生才能有效提高专业技能,为学业成功做好准备呢?答案当然是在学校接受基础教育。此外,作者在本章中还介绍了几个小窍门,帮助学生更好更快地提升专业技能:

- 第一,理解目标,知道自己需要提升哪一类专业技能;
- 第二,懂得运用高科技工具来及时解决难题;
- 第三,积累丰富的资源。

用简单的方法持续地努力,学用结合,相信一定能将梦想变为现实,获得学业上的成功。快快行动起来吧!

> 一切所谓的成功秘诀都不会平白无故起作用,除非你照着做。

提升专业技能的重要性

一旦制订了目标和方案,接下来我们就需要设法去完成它,这时就需要运用专业技能。专业技能指的是实现目

变想法为现实

第三章 提升专业技能

标所需要的知识、技术和资源。大多数时候，我们积累的知识和具备的能力足以完成普通的任务，例如发发邮件、写写报告（只要我们接受过培训，有一定的工作经验）。然而，如果面对的是一个需要运用专业知识的重大项目，那么除了基础技能，我们可能还需要用到某些类别的专业知识。

那么，在这个时候，只有具备专业技术和资源，我们才能采取下一步行动，否则制订的方案就只是一张废纸，起不了任何作用。所以，青少年需要提升自己的专业技能，这样在有需要的时候，才能让纸上的想法变成现实。

提升专业技能的基础条件

经验对于提升专业技能起着重要的作用，但更为重要的还是教育。学校的教育引领我们系统地学习知识，帮助我们培养思维方法和分析能力，而这些正是解决问题的关键。

教育还能让我们接触到自己感兴趣的领域所需的专业技能，获得未来可能从事的职业的专业技能。例如，你想成为一名建筑师或核物理学家，那你在受教育阶段就得掌

获取专业技能的关键

握相应的学科知识。

除了教育,获取专业技能还需要努力。努力也是我们获得成功的关键要素。

一分耕耘,一分收获

想要提升专业技能,必须付出努力,世上没有免费的午餐。如果真有什么东西没有附加条件就免费赠予你,那

第三章 提升专业技能

有付出才有收获

你可得小心了。

有时候，人们会收到电子邮件、短信或电话，被告知中了彩票或抽中头奖，但领奖前必须先交一笔保证金。有一部分人被惊喜冲昏头脑，没有核查清楚就按照对方的指示行事，然后，他们的钱就被骗走了。多年来，这样的骗局骗走了许多人的血汗钱。我们应当以此为戒，在日常生活中保持警惕，并且始终相信，想要有收获，就必须付出相应的努力。

幸运，源自专业与努力

你有没有想过，为什么有些人总是那么幸运？他们可以上最好的学校，能考出最好的成绩，又那么受欢迎……他们是在幸运星的环绕下出生的吗？

俗话说，天时地利人和。所谓的运气，可能会让我们实现目标的过程碰巧变得更顺利，但运气同样需要我们付出努力才会降临。因此，我认为，对运气恰当的解释就是：凭借拥有的知识，在努力奋斗过程中形成的良好气场。

请注意，我们付出努力的前提是，必须有相关的知识作为基础，这样才能取得成功。

打算学习一项新的技能或运动之前，我们需要更多地了解它。例如，当我们想要学习打篮球的时候，就要知道传球和投篮的正确方法以及控球技巧，否则就没法学会打篮球，或者说你必须花更长的时间才能学会，因为忘记错误的方

幸运星

第三章 提升专业技能

法比从零开始学习更困难。所以，先花点时间去学习相关的知识，这样你才能更好地实现目标。

积极求助

当遇到困难时，你会感到无助吗？你是不是希望有人来帮你？

我们不能靠单打独斗来实现自己的目标，遇到阻碍的时候，最好通过不同的途径寻求帮助。情绪低落的时候，

需要帮助

就需要朋友的情感支持；想要向他人吐露心声时，可以请朋友或父母和我们聊聊天，开导我们……总之，需要帮助的时候，就积极地去寻求帮助吧，这才是正确的做法。

不过在行动前，先问问自己以下 3 个有用的问题：

- 我确实无法独自处理好这件事吗？
- 我已经尽我所能去尝试解决这个问题了吗？
- 我已经没有时间独自解决这个问题了吗？

如果我们的答案是肯定的，那就说明确实到了寻求帮助的时候。下面，我给大家讲一个关于寻求帮助的故事。

谁来帮帮我！

第三章 提升专业技能

故事启示录

低等舱船票

有一个贫穷的家庭想搬到大城市去生活。于是，他们卖掉了所有的财产，买好了船票。因为穷，他们只能睡低等舱的床位，吃自己准备的干粮。他们羡慕地看着那些在餐厅里吃东西的人。

几天后，这家的小男孩病了，不愿再吃干粮，于是，他的父亲请求船员允许他们去餐厅吃点东西。

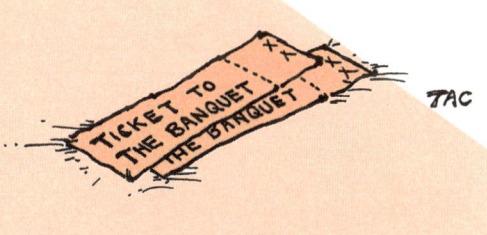

餐厅入场券

船员非常吃惊地告诉这位父亲："你们不需要经过我们的允许就可以去吃呀，你们购买的船票包含了餐费。"

这个故事告诉我们，不要一味地假设、想当然，要在有所怀疑的时候及时找出真相，有时候，问题会比看上去更容易解决。

专业技能带来成功

凯莉是个有进取心的青少年，很擅长制作装饰品和首饰，总是积极地寻找机会赚零花钱。凯莉的好朋友苏珊进入并熟悉网络零售商圈后，萌生了一个想法：在网上推广、销售凯莉制作的饰品。网店很快就开业了，由于饰品精美，宣传到位，仅仅两三个月，她们就开始盈利了。

凯莉和苏珊靠着自己掌握的专业技能，一步步迈向了成功。

制作首饰

提升专业技能的方法

第一，理解目标。

首先，我们需要知道目标是什么。明确目标后，我们才清楚自己需要提升哪些方面的专业技能。

第三章 提升专业技能

第二，运用高科技工具来帮助我们解决难题。

随着科技的进步，我们只需舒适地待在家中点点鼠标，就可以通过互联网轻而易举地获得信息。如果没能在互联网上得到帮助，去图书馆查一

高科技工具

查资料也可能有用，因为很有可能已经有我们需要的书籍或文章等资料了，我们只需要找到它们就好。

第三，积累资源。

如前文所述，互联网和图书馆是我们搜集资源的最好渠道，我在创作这本书时就充分地利用了它们。我需要找到足够丰富的资源来充实创作内容，所以我列出了可供选择的资源，并花了相当多的时间通过互联网和图书馆进行查找。另一个积累资源的好办法是请朋友、专业培训师和教练反馈信息。

结论

提升专业技能可以说是通往成功的必经之路。因此，先确定实现目标需要什么样的知识，再付出努力去获得它们吧！

掌握专业技能

第四章

保持学习的激情

有的人行动时一直保持着兴奋的状态,连步伐都充满活力;有的人却对任何事都缺乏兴趣,没有动力。你更愿意成为哪一类人?相信大家都会选择前者,人们对激情充满着天然的向往。那么,如何做才能让自己更富有激情呢?

- 首先,拒绝"喜怒不形于色",释放自己的情绪;
- 其次,加快行动速度,调整情绪状态;
- 再次,分解目标,在不断实现小目标的同时,增强信心与激情。

恰当运用这三招,你就可以成为一个激情满满、活力无限的人!

> 知识就是力量，而激情是打开它的开关。

用激情去感染人

你有没有注意到那些激情四射的人有什么特别的地方？他们的脚步看上去充满活力，他们在完成任务的过程中也一直保持着兴奋的状态。有时候，他们的激情具有感

充满激情

染力，能影响周围的人。

相反，你能在那些缺乏激情的人身上观察到什么呢？他们做任何事情似乎都缺乏力量，没有动力。

可见，激情能够激励我们立即开始行动，并对获得成功充满热情。我们拥有激情时，就会有神奇的事情发生——仿佛浑身上下充满能量，拥有前进的动力。不仅如此，激情还能吸引志同道合的人，大家互相帮助、彼此支持，携手向成功迈进。

没有激情就没有能量

爱德蒙是校网球队的球员，他好像对网球运动失去了

失去兴趣

激情。没有激情，自然也就没了兴趣。爱德蒙也不明白，好像仅在一夜之间，自己对网球运动的激情就消失了。

在和朋友、教练交谈后，爱德蒙意识到，之所以出现这样的状况，完全是因为他并不清楚自己到底想从网球运动中获得什么。他过去很享受网球运动带来的激烈竞争感，但现在却因为压力太大而疲惫不堪。于是，朋友和教练建议他以后打球时别以输赢为目的，享受打球本身的乐趣就好。很幸运，这个建议对爱德蒙很有效，他已经重燃对网球运动的激情，并且比以往任何时候都更能体会这项运动的乐趣。

由内而外，点燃激情

大家应该都听说过这类人吧，他们看起来对任何人任何事都兴趣缺缺，没有动力。我在前面提到过，没有动力会导致一个人不清楚自己的目标，不容易获得成功。

很多人认为，他们需要外力来点燃自己的激情。在某些

审视自己的内心

第四章 保持学习的激情

情况下，这种想法可能是正确的，例如，获得比赛的第一名会有奖励，为此我们可能会更积极热情地参与，努力赢得比赛。不过青少年应该明白，激情是一种精神状态，外部刺激也许对我们有所帮助，但归根结底，我们必须由内而外地拥有激情。所以，别再等待，想要拥有激情，就多多地自我审视，从自己的内心深处去发掘吧！

故事启示录

老农夫的钻石梦

很久以前，有一个老农夫做梦都想发财。

一天傍晚，一个商人途经他的农场，请求借宿一晚。晚饭后，他们闲聊起来。老农夫问了商人一个问题："当今世界上最值钱的东西是什么？"

"当然是钻石啦！"商人回答道。

"那我在哪儿能得到钻石呢？"老农夫又问。

"嗯，那得看情况了。它们可能在很远很远的地方，也可能离你很近。不过我听说在遥远的北方，有个地方可以找到钻石。"商人说。

就在"家门口"

第二天，商人离开了。老农夫认真地思考良久，做出了一个决定。他把农场低价卖给一个年轻的农夫，收拾好自己的行囊，出发去北方寻找钻石。

一年后，商人再次路过，又来借宿。晚饭后，商人和年轻的农夫聊着天，不经意间，商人看到桌子上有一块闪着光芒的石头。

"这是从哪儿弄来的？"他问年轻的农夫。

"在农场附近的小溪边捡的。怎么了，有什么问题吗？"年轻的农夫说道。

"你知不知道，你捡到的是一颗价值连城的钻石！"商人兴奋地说。

不久之后，他们在小溪里发现了更多珍贵的钻石。消息传开后，人们才知道农场所在的这个地区钻石资源富集。

那么，远赴北方的老农夫后来怎样了呢？据说他没找着钻石，钱财花光后沦为乞丐，过着悲惨的生活。

第四章 保持学习的激情

有时候,我们不应该这山望着那山高,因为很有可能我们想要的"钻石",就在自己"家门口"。

如何让自己更有激情

将激情展现出来

青少年应该敢于大方地展现自己的激情。

对一件事充满激情时,我们应该将这种情感真切地表

展现激情

达出来。这样做，就会有能量在我们的体内爆发，让我们更加兴奋，继而更富有激情。但是，很多时候，人们会压抑自己的情绪，因为他们认为喜怒不形于色是一种修养。可是，压抑情绪是不健康的，长此以往，人们可能会变得麻木，对什么东西都没有感觉。

加快行动的速度

你有没有注意到那些处于兴奋状态中的人往往语速更快？这是因为当他们兴奋时，体内能量会增加。换句话说，加快行动速度，也往往能提升我们的激情。

你可以尝试这样做：

· 以更快的语速讲话

· 以更快的速度走路

· 深呼吸

· 拒绝无精打采

你是否感觉自己的情绪状态发生了变化？这些都是帮助我们保持激情的有效方法。

快乐的声音

第四章 保持学习的激情

分解目标，逐个完成

另一种保持激情的方法是，将宏大的目标拆解为一个个小目标，然后逐一去实现它们。不断实现小目标的感觉可以让我们更加自信，让我们在短期内有所期待。

我开始画漫画只是源于我的爱好，信手涂鸦而已。很快我就发现，我可以通过各个平台，譬如报纸和杂志，来展示自己的漫画作品。这让我非常兴奋，于是我决定认真对待。在经历过几次失败后，我的漫画作品终于在一家中文报纸上发表了。可以想象当时我有多么高兴！不久之

实现小目标

后，报纸为我的漫画开辟了一个专栏，我也一直保持着画漫画的激情，因为我期待看到自己的画作被发表。

所以，对一些事物充满期待之情，是保持学习或工作激情的好办法。

结论

试着去感受激情所产生的令人不可抗拒的力量，多多发掘自己内心深处的激情，并在成功之路上充分地使用它吧！

展现激情！

第五章

态度比能力更重要

你玩过"指责游戏"吗?或者,以下对白你是否经常听见?

- 这是他的责任!
- 没人告诉我应该这样做!
- 不是我的错,是他的错!

这类逃避责任的态度就是不健康的态度,是成长的阻碍。那么,如何做,我们才能培养起正确的态度呢?在本章中,作者介绍了几种简单有效的做法,我们一起去找一找、学一学吧!

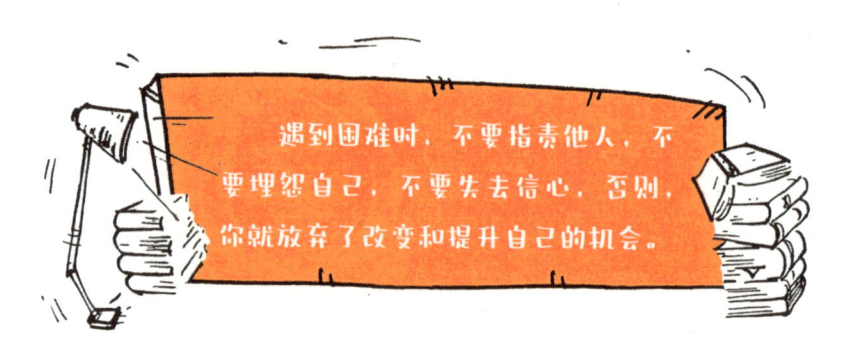

> 遇到困难时,不要指责他人,不要埋怨自己,不要失去信心。否则,你就放弃了改变和提升自己的机会。

态度的重要性

常言道:"态度决定一切。"

在与青少年打交道的这些年里,我意识到积极和正确的态度是成功的关键。我们在生活中所取得的成就,可以说90%由态度决定,只有10%由能力决定。这意味着,态度比能力重要得多,它决定着我们的成败。

我有一个叫珍妮的学生,积极的态度就曾帮助她克服了在学校生活中遇到的种种障碍。作为一名留学生,她在学习当地语言的过程中遇到了不少困难。不

态度比能力更重要

过，她并没有畏难退缩，遇到的障碍越多，她越努力。最终，她凭借积极的态度和坚持不懈的努力克服了语言障碍，在学业上取得了令人瞩目的成绩。

与之相反，另一名留学生弗兰克在遇到同样的问题时，却采取了消极逃避的态度，障碍没能激发他的斗志，而是成了他的绊脚石。尽管弗兰克的能力比珍妮强，但消极的态度让他质疑自己的能力。最后，弗兰克彻底沦为差生。

指责游戏

许多人喜欢玩"指责游戏"，具体说来就是一旦出现纰漏，他们就会指着其他人说："这是他的责任！"

当然，下面这些回答有着同样的效果：

"没人告诉我要这样做！"

"不是我的错，是他的错！"

"这是狗干的！"（前提是你真有一只狗。）

大多数时候，当事情进展不顺利时，人们的第一反应就是这不是自己的错，应当怪在别人或其他事头上；而当事情进展顺利时，人们又往往想在第一时间将功劳据为己

这是他的责任！

有。在心理学上，这被称为利己偏见。但是，你知道吗？当我们用一根手指指着别人时，有三根手指正指着自己。

　　一味地推脱责任、指责他人，是不健康的态度。每个人都不应该逃避责任，要对自己的行为负责。无论结果是好是坏，我们都应该一力承担，坦然面对。只有这样，我们才能成长。

第五章 态度比能力更重要

故事启示录

将困难视作挑战

有一个年轻人总是把目光聚焦在生活的阴暗面，不停地抱怨工作太多，没有私人时间，生活得很痛苦。有一天，他遇到了一位睿智的老人。他把自己心中的烦恼讲给老人听，老人听了之后承诺帮他结束痛苦。老人对他说："跟我来，我带你去一个不会有任何烦恼的地方。"

听说自己的问题能得到解决，年轻人高兴地跟着老人走了。走了好久好久，他们终于到达了目的地。

"这里就是没有任何烦恼的地方。"老人说。

没有烦恼的地方

年轻人环顾四周，惊讶地发现自己被墓碑所包围——他们居然身处墓地之中！

"这是怎么回事？"他大叫道。

"如果不想有任何烦恼，这里就是适合你的地方，因为只有死亡，才可以让人彻底摆脱烦恼！年轻人，你必须明白，烦恼是生活中客观存在的，你要积极地看待生活，把遇到的问题和困难当作挑战、成长的机遇，而非挫折。"

如何对待挫折

我们的态度决定了我们如何对待挫折。遭遇挫折是难免的，每个人在生活中都会遇到大大小小、数不胜数的挫

失败还是收获？

第五章 态度比能力更重要

折。挫折本身并不可怕，关键在于我们如何对待它。我们可以选择成为受害者，陷入挫折中无法自拔；我们也可以把挫折当作学习的机会、成长的转折点。

还有一种对待挫折的正确的态度，就是将它视作结果反馈。与其抱怨自己的处境，不如抓住这个机会收集反馈信息，反思到底哪里出了问题。这样，我们就能从挫折中吸取教训，避免重蹈覆辙，获得更多的成长优势。

反败为胜

反败为胜是一种有用的心态。我们总认为挫折会阻碍我们前进，但如果以不同的方式从多个角度去思考，把遭遇挫折看成是我们学习过程中一个进步的机会，那么它就会给我们一种积极的体验。

反败为胜

故事启示录

跌倒了，爬起来就好

从前有一位父亲，老是担心自己的儿子过于羸弱，于是找到一位智者帮忙训练、重塑他的儿子。

智者对父亲说："把你的儿子留在我这儿3个月，我会让他成为一个男子汉。但在这段时间里，你不能来看望他。"

于是，父亲把儿子留下了。

3个月后，父亲来接儿子回家。智者安排他的儿子与一位职业拳击手进行拳击比赛，以此向他展示孩子的成长。

比赛开始！拳击手一记重拳就把孩子击倒在地。孩子一句话也没说就跳了起来，继续比赛。然而，很快孩子又一次被击倒了。这种情况持续了20次。

智者问父亲："你为你儿子感到骄傲吗？"

"当然不！他一次又一次地被击倒，有什么可骄傲的！我真为他的失败感到羞耻！"父亲很不高兴地回答。

智者听到这个回答后，叹了口气道："你只关注表面的成败，你没有看到你的儿子在他'永不言败'的态度中所表现出的决心、勇气和力量。这些才是获得成功的关键。"

第五章　态度比能力更重要

再次站起来!

所以说，成功不是从不失败，而是在面对挫折和失败时，能够一次又一次地站起来。

我记得有一个叫艾伦的学生，可以说，他做每件事的态度都很端正。任务完成得不好时，他会积极地去找出问题、解决问题、吸取教训。对他来说，失败就是学习和成长的最佳机会。事实上，艾伦认为发生的一切都值得自己学习，这种态度让他在课堂学习和课外活动中都取得了优异的成绩，并获得了奖学金。

如何培养正确的态度

保持乐观的心态

乐观的心态会让我们产生积极的想法，对未来寄予期望。有人要告诉你一个紧急的消息时，你会想：哦，不，难道是什么坏消息吗？我遇到麻烦了？还是会想：太好了，这一定是个好消息！如果是后者，那恭喜你，你是一个很乐观的人。

当事情没有如我们预期的那样发展时，请记得保持乐观。要相信，这只是例外，不要让它影响了我们的生活。乐观的心态会让我们每一天都过得愉快。

好消息还是坏消息？

第五章 态度比能力更重要

养成积极主动的习惯

在成为你潜意识的一部分之前,习惯需要一些时间来养成。只要你每天多一些积极的思考,少一些消极的想法,就会渐渐养成积极主动的习惯。例如你可以不时地提醒自己:"我会养成正向看待事物的习惯。"多多重复这句话,就能帮助你更顺利地培养起积极主动的习惯。

想一想,你最想拥有哪 5 个积极主动的习惯?把它们写下来吧。这样就可以通过不断提醒自己来内化、养成这些积极主动的习惯。

1._____
2._____
3._____
4._____
5._____

常常保持微笑

一个简单的微笑就能让我们感到更快乐、更积极,它也会影响我们周围的人,让他们感觉更舒服。这样,在我们需要帮助时他们会更愿意伸出援手。

总之，拥有正确的态度，我们就能对周围的人产生积极的影响，从而使得大家共同进步，取得更大的成就。

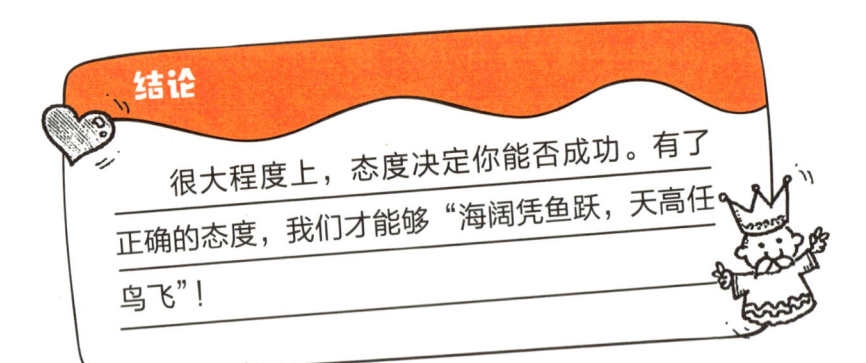

> **结论**
>
> 很大程度上，态度决定你能否成功。有了正确的态度，我们才能够"海阔凭鱼跃，天高任鸟飞"！

积极的态度

第六章

用承诺倒逼行动

你是否有过如下体验:

- 兴致勃勃地买回一本书,没看到一半就将它抛到脑后;
- 假期的运动计划才开始没几天就在赖床中无疾而终;
- 怀着雄心开始学钢琴,可每天的练琴时间都让你痛苦万分,时刻想放弃。

导致你无法坚持下去、完成任务的原因很多,解决办法也五花八门,其中很重要的一点是,确定目标之后,要公开做出承诺。接下来,将具体介绍做出承诺、践行承诺的重要性及操作方法。想要远离困扰的小读者,赶紧在阅读中学起来吧!

> 有些人沉溺于梦境，梦想着成功；另一些人则保持着清醒，为了实现梦想而努力工作。

承诺的重要性

你是否曾经开始了一项任务却没能完成它？为什么会这样？你认为要顺利完成一项任务，需要什么品质？

俗话说："承诺点燃行动。"这是千真万确的。做出承诺再去执行任务，我们就会被承诺约束，觉得必须采取行

最好的朋友

动来兑现它。如果没有承诺，相对而言，自己就没那么靠得住。当任务没有完成或敷衍了事的时候，借口就会成为我们最好的朋友。

设定目标，做出承诺

践行承诺的过程，其实就是不断完善自我的过程。我们在做出承诺的时候，会确保自己有激情，渴望去实现自己的目标。并且，我们会在实现目标的过程中不断寻求改进的方法。

其中一个有用的原则是"践行承诺"，即 3C 原则：

・承诺（Commit）——做出承诺，坚持到底。

・着手（Commence）——立即行动，避免拖延。

・完成（Complete）——坚持不放弃，直到任务完成。

当然，在运用 3C 原则之前，我们必须为自己设定目标。只有这样，后面的一系列行动才会有目的、有意义。

"3C 原则"

故事启示录

你有电子邮箱吗?

有一个男人想创业,但他口袋里只有10美元,在创业之前,他得设法赚更多的钱。于是,他去一家软件开发公司应聘清洁工的工作。他很幸运地通过了面试,得到了这份工作。人力资源部请他留下电子邮箱,以便给他发送相关的文件。可这个男人告诉对方,自己没有电子邮箱,甚至家里都没有电脑。对于这家软件开发公司来说,没有电子邮箱的人就像不存在一样,因此,他们决定不雇用他。

这个男人只能沮丧地离开了。他下定决心就从那天起用仅有的10美元开始做生意。他买了一袋土豆,挨家挨户地推销。不到两个小时,所有的土豆都卖掉了,他赚得了百分之百的利润。他又做了一些类似的小买卖,都挣了钱。这让他意识到,自己能够以这种方式谋生。

于是,这个男人开始买进卖出,正式做起了生意。凭着决心、努力和一点点运气,他的生意越来越好。不久,他就买了几辆卡车,雇了一些员工。随着生意越做越大,

第六章 用承诺倒逼行动

这个男人打算为家人购买保险。

在他与保险代理人签署了保险合同后,代理人问他要电子邮箱,以便告知他事情的进展。

"我没有电脑,我也没有电子邮箱。"这个男人告诉代理人。

代理人震惊了,问:"你有家这么大的公司,却没有电子邮箱?你知道如果你早就有电脑和电子邮箱,今天会取得怎样的成就吗?"

这个男人回答说:"我知道啊,我会成为一个清洁工。"

一旦我们下定决心去实现目标,那么任何障碍都无法阻挡我们。

决心助力成功

当我决定去考驾驶执照后,我就告诉自己,一定要在一年之内拿到,并且每个阶段的考试都要一次过。为了实现这一目标,我制订了一个时间表,每周准时去上课、练习,有系统、有规划地朝着目标前进。我以坚定的决心,尽最大的努力来学习、训练。果然,8个月之内,我就一次性成功通过了各个阶段的考试。

新手上路

决心改变自己

科林可以说是普通青少年的代表,他做的都是一般的青少年常做的事——平时上学,空闲时间和朋友一起闲逛。

第六章 用承诺倒逼行动

然而，科林和一群损友混在一起后，很快就变得"不一般"了。科林开始逃学、抽烟，后来甚至卷入帮派纷争中，这简直太糟糕了。学校发现以后，根据科林的违规行为，给予他相应的处分。在接受了惩罚和后续的辅导之后，科林下决心改变自己。从那以后，他再也没有走过回头路。他把时间全都花在学习上，并在期末考试时取得了优异的成绩。

变得更好

完成任务的方法

使用愿景板或愿景卡

为了帮助自己下决心完成任务，我们可以把目标写在一张卡片或一张纸上，再把它放进我们的钱包或笔盒里。这样，每次打开钱包或笔盒，我们就会想起自己渴望实现的目标。

或者，我们也可以把目标写在一块愿景板或一大张纸上，把它放在显眼的地方，它就能起到不断提醒我们的作用。

愿景板

做出承诺

当我们说出与实现目标有关的誓言时，实际上是将自己的承诺大声告知周围的人。这样做相当于你的承诺就被公开了，接下来你别无选择，只能坚定地履行它，否则你就将面对失信的风险。

所以，现在请大声说出你的承诺吧！

做出承诺

第六章 用承诺倒逼行动

承诺书

我，_____（名字），

在 _____ 年 _____ 月 _____ 日（日期），

承诺尽我所能，达成以下目标：

_____

_____

_____

_____

_____

_____

_____

_____

我会尽我所能按时完成这些任务，不会给自己找任何借口。

签名：_____

积极学习力 STUDY HARD

结论

下定决心，践行承诺，成功终会属于你。

一定要完成！

第七章

高效管理时间

小测试：请选出你认为与自己情况相符的选项：

· 我总是不能按时完成任务；
· 我整日忙个不停，却完成不了多少任务；
· 我允许别人打乱我的时间安排；
· 本该开始行动，可我就是拖着不想去做；
· 在手里的项目结束之前，就开始进行新项目。

如果你选出了3个或3个以上的选项，就说明你缺少时间管理的能力。

如何做才能提高自己的时间管理能力？作者将在接下来的内容中进行深入探讨与具体分析，带领大家轻松解决问题。

> 平庸的人只想着如何消磨时间，伟大的人考虑的则是如何利用时间。

时间管理的重要性

一分钟 60 秒，一小时 60 分钟，一天 24 小时，也就是说，一天总共有 86400 秒。

我们时常会听到这些抱怨：

"我的时间根本不够用！"

"我没办法按时完成这个任务！"

时间管理

第七章 高效管理时间

"我希望有更多的时间。"

与之相反,你有没有见过这类人:他们能轻松应付学业、课外活动以及人际交往,与同龄人、父母的关系都很好,甚至还能抽出时间去做义工?他们哪儿来的这么多时间?

每个人的一天都只有 24 个小时,为什么有的人能按时完成这么多任务,有的人却连最简单的任务都搞不定?关键就在于每个人的时间管理能力有差异。

罐子理论

这个理论是我上大学的时候,听一位讲师提及的。想要理解这个理论,我们需要做一个实验。

首先,找一个中号的空罐子,最好是透明的;然后,在罐子里装满大石头;接着,再把一些小石子倒进罐子,让它们填满大石头间的空隙;再然后,将沙子装进罐子;最后,倒入水,直到把罐子装满。

这个实验告诉了我们什么道理呢?

罐子代表着我们的生活,大石头代表着生活中重要的需要优先处理的事情,小石子代表着我们喜欢做的事情,沙子代表着我们需要解决的其他事情,最后,水代表着我

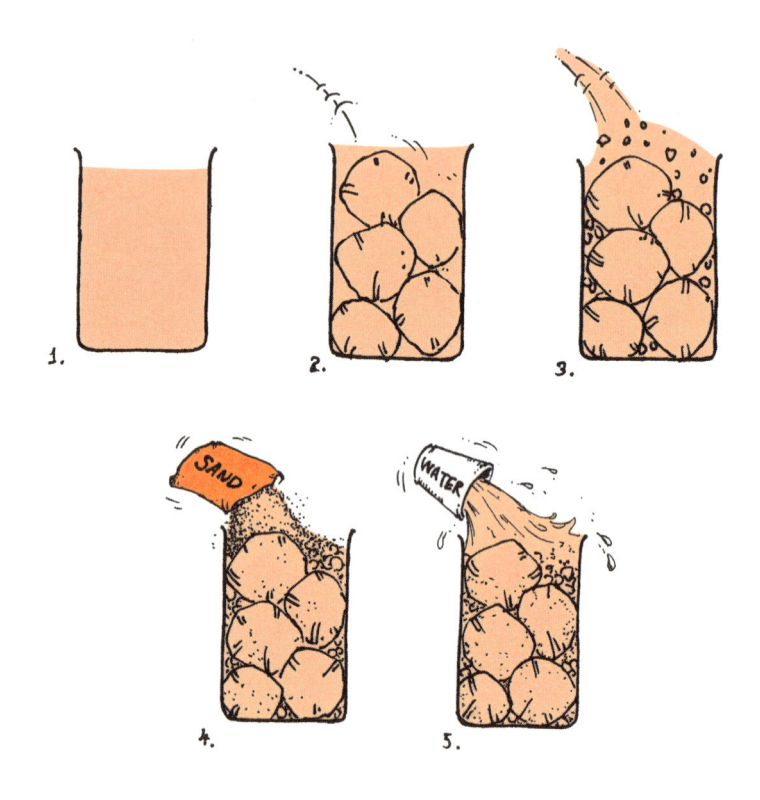

们一直在做的日常琐事。

这些事在生活中是必须要做的。有了它们，我们的生活才能维持平衡状态。如果为了省事，直接减掉那些需要优先处理的重要事项或者相对而言显得无足轻重的琐事，我们的生活就会少许多精彩。所以，维持平衡的关键并不在于做减法,而在于恰到好处地管理时间。就是说,我们只需要恰当地利用时间,为每件事情安排出合理的完成时间,我们就能轻松充实地过好每一天。

罐子理论

能管理的,就是可控的

很多人觉得,时间总是不知不觉就从指缝中溜走了,自己不仅无法掌控时间,反而常被时间牵着鼻子走。因此,我们应该多下功夫管理好自己的时间,而不是反过来被时间控制。

时间管理问卷

试着完成这张问卷,在与你情况相符的选项旁打"√"。

选　项	结　果
我总是不能按时完成任务。	
我总是很忙,却完成不了多少任务。	
我允许别人打乱我的时间安排。	
应该完成的事情我常常拖着不想做。	
在现有的项目结束之前,我就开始进行新的项目了。	

如果你勾选了3个或3个以上的选项,那么你真的需要审视一下自己的时间管理能力了。

接下来我们一起探讨不能有效管理时间的原因。

时间分配不合理

有一个学生叫蒂米,他既聪明又勤奋,有着很好的学习态度,可惜他的考试成绩并没能展现出他的实力。在和

第七章 高效管理时间

他谈话之后,我知道了原因。原来,在考试时,蒂米在每道题上都花了过多的时间,因而他在考试时间内很难做完所有的题。他糟糕的时间管理能力令他成绩平平。

没有时间了!

学习时间和娱乐时间没分开

青少年不能有效管理时间的原因之一,是他们没有把学习时间和娱乐时间分开。他们花太多时间去放松并总是自我安慰:先玩吧,玩过了再学习,还有时间的。最后导致重要的任务没有完成。拖延症真可以说得上是成功的头号杀手,为此,我特地写了一本书——《高效管理

现在是什么时间?

时间》。如果你还没有找到摆脱拖延的办法,那就去看看那本书吧!

中国有一个成语叫"先苦后甜",意思是先要有艰辛的学习或工作,才会有幸福的休闲和享受。这个成语其实也是在提醒我们——认真工作,适度玩乐,有效地管理时间。

时间被浪费掉了

我们常常会因为各种原因浪费时间,比如一些活动就在不知不觉中从我们这里"偷走"了时间。

偷时间的贼

第七章 高效管理时间

下列哪些选项会干扰你管理时间呢？请在选项旁打"√"。

选 项	结 果
看电视	
拖　延	
太在意别人的感受	
被别人打断	
在不了解要求的情况下就开始学习	
压力与疲劳	
无法找到需要的资源	
长时间的学习	
与朋友聊天	
缺少明确的目标	

如何更好地管理时间

按重要程度给任务排序

有时候，我们会花太多的时间在不重要和不那么紧迫的任务上。这些任务可能是我们喜欢做的事情，却对实现整体目标意义不大。而在这种情况下，我们往往会忽略那些需要立即处理的重要任务。因此，我们需要有清晰明确

列出清单

的目标，必须知道哪些任务是紧急要务。

在按照重要程度给任务排序时，我们首先需要列出所有的项目，然后分别判断这些任务的紧迫性和重要性。例如，如果一项任务的完成期限是明天，而另一项任务的完成期限是下周，那么，明天必须完成的任务肯定更加紧迫。如果我们有两项任务，其中一项是老师布置的，另一项是我们自己想做的，比如给朋友发电子邮件，那么前一项任务就更重要，需要我们加以关注、优先处理。

优先处理是时间管理的一个关键步骤，如果能做好这一点，我们就能把精力集中在更有价值的活动上。

找出时间的使用规律

回想一下，你是如何度过每一天的。你是否在某段时间内不想做任何事？勉强做了也没有成效？

第七章 高效管理时间

当我还是学生时,为了有效地复习备考,我设计了一种很适合自己的方法。我意识到自己学习的最佳时间,也就是头脑最清醒、最警觉的时候是深夜;最没效率的学习时间是傍晚以及饭后,因为那正好是我昏昏欲睡的时间段。因此,我的时间管理充分考虑到了这些因素,尽量最恰当地安排时间来获得学习、休闲的最佳效果。

所以,对于青少年来说,找出你自己最高效的学习时间段很重要。

学会说"不"

也许是因为有人想找你玩,也许是有人想和你聊天,不管什么原因,在思考问题的时候被人打断,就会分散注意力,浪费你的时间。因此,你必须学

研究时间

敢于说"不!"

会在这种情况下说"不"。当然,最好机智地说,尽量不要伤害到别人,毕竟为此失去友谊也是不明智的。你可以尽量说得委婉一些,比如:"我很乐意和你一起去玩,只是我眼下太忙了,可以稍等一会儿吗?"如果能做到这一点,相信你的朋友或其他人是能够理解的,不会感到自己被冒犯了。

结论

合理地管理时间很重要,不仅能让我们按时完成任务,还能让我们腾出更多的时间去做其他事情。

合理地管理时间

第八章

妙用具象化力量

同样的目标,为什么有的学生能轻松实现,有的学生却以失败告终?原因很多,但关键的一点是,失败者没能正确运用具象化的力量。这种能力,并非天生的,需要反复练习才能将它内化为自己的成长优势。简单来说,做到如下 3 点即可培养起具象化的能力:

- 第一,调亮你想象的成功场景,让细节呈现得更清晰;
- 第二,提高你想象出的成功画面的音量,更好地激励自己;
- 第三,多次重复想象成功的画面,让它成为你的本能反应。

> 没有什么事情是不能够凭借想象力来实现的！

具象化的重要性

想象一下：你为自己一直想要得到的东西虔诚地许愿，现在所有的愿望都实现了！这个场景是不是很美好？

请不要误会，我们并不是在谈论拥有梦想并努力去实现它的重要性，而是在谈论如何利用具象化的力量来帮助我们实现目标，在现实生活中取得成功。

你有没有想过，同样的目标，为什么有些人实现了，有些人却难以实现？其中一个原因，就是这些人不具有"看到"自己成功这个"画面"的能力。获得成功的那部分

希望愿望成真

第八章 妙用具象化力量

人，大多在任务开始时，就会在脑海中想象出自己成功的画面，以此鼓励自己，并为之努力。

这是立即行动起来实现目标的关键步骤。有了目标我们就能清楚前进的方向，而具象化的力量可以大大增强我们的能力，使我们更好更快地达成目标。

缺乏想象力怎么办

如果你以为具象化需要很丰富的想象力才行，那你就是瞎操心。具象化对想象力的要求并不高，只需要能够想象出自己达到既定目标的那个场景就行。我们的目标并不全是很复杂的。比如，在学校完成1500米的长跑测试。当然，对个别学生来说，这个目标就很可怕，可能比参加集训营或马拉松还要恐怖。

学生艾萨克就成功地运

完成长跑

用具象化的力量来解决了这个难题。他所做的，就是想象自己绕着跑道跑完了每一圈。每完成一圈，他就会感觉更放松，因为离终点更近了。通过提前在精神上"跑完"1500米，他在真正跑起来的时候，就更冷静、更放松了。

战俘中的高尔夫球迷

有一名军官被敌军俘虏，成了一名战俘。他平时痴迷于打高尔夫球，沦为战俘后，大家都认为他没机会再打球了。但其实，军官还是每天都在"打球"——用具象化的方式。他每天都想象着自己正在球场上打球，甚至具体到每打出一球之前，都要认真选择匹配的球杆。

终于被释放了，军官回到家安顿好后，立马来到高尔夫球场。打球时，他发现自己的球技

一杆进洞

第八章 妙用具象化力量

竟然大大进步了！军官感到非常吃惊。其实这都归功于具象化的力量。

具象化力量的两面性

具象化力量具有两面性。当我们总是想象自己处于消极状态或已经失败时，那么最后我们很可能就会失败。你身边是否有这样的朋友，他们很担心自己测验或考试不及格，于是自我暗示并告诉周围的人，这次考试他们及不了格？大多数情况下，他们最后的考试成绩确实会不及格。

"自我实现预言"

这就是"自我实现预言"。

所以,要确保自己正确运用了具象化的力量,这样才能获得成功,千万别让失败的假想"自我实现"了。

发表演讲

这里有一个关于我的例子,大家来看看我是如何运用具象化的力量发挥出最佳水平的吧。

在宣传本系列的第一本书时,我借助具象化的力量,看到了自己演讲时该怎么做。由于在具象化的过程中我看到了自己需要采用边说边画的方式,并且知道了演讲的同时应该

具象化演讲

第八章 妙用具象化力量

画些什么,所以我提前准备好演讲稿,画好插图,然后在脑海里反复排练整个过程。几次三番下来,我相信自己能获得成功。果然,正式演讲的时候,没有出现任何瑕疵,因为对我而言,已经在心里演讲过无数次,非常熟练了。

如何运用具象化的力量

增加画面的亮度

假设你的大脑就是一部电视机,你的手里正握着可以操控它的遥控器,那么,当你成功地在脑海中具象出画面时,你会怎么做呢?是不是第一步就是增加画面的亮度?

紧密联系

在大多数情况下，亮化脑海中看到的场景会使你的情绪反应更强烈、场景更清晰。你可以清楚地看到细节，场景中的行为会变得更加真实，让你和它们更为紧密地联系起来。

提高音量

这个遥控器不止能增加画面的亮度，还可以提高音量，帮助你获得"听清楚"这种体验。听清楚了，你会更容易感受到情绪的反馈，就好像你也在现场表演一样。要想成功地运用具象化，你就要让你所创建的画面尽可能地真实，成为你现实生活的一部分。这样，就能更好地激励你，让你成功实现目标。

提高音量

多次重复

我们不仅要做到具象化，还要尽可能多地重复，这是

第八章 妙用具象化力量

令具象化有效内化为成功助力的关键。反复想象任务执行的过程及获得成功的画面,直到它变成你的本能。当你这样做了以后,实际执行任务时就会很自然,因为你已经做过很多次了。

重复想象

结论

具象化可以让我们在想象中实现目标，继而在现实生活中获得成功。

想象成功！

第九章

做事要有条理

- 要用某个东西的时候,你是否会花很多时间去寻找?
- 你的桌子上是否堆满了东西?
- 你是否常发现自己有东西找不到了?
- 你是否常常没办法按计划进度完成任务?

....

如果你的回答大部分是肯定的,那么很遗憾,你是一个缺少条理的人。缺少条理性,会让你无法组织、安排好自己的生活,在成功路上会遇到很大的阻碍。为此,在本章中,作者具体介绍了让人做事有条理的系统可行的方法,想要自我改进的小读者,快快进入本章学起来吧!

> 今天做事有条理,就是在为明天获得成功做准备。

找到适合你的方法

这是一个关于爱因斯坦的真实故事。

一名记者在采访了爱因斯坦之后,想得到他的电话号码,以便今后可以请教他更多的问题。爱因斯坦欣然同意了。他拿起电话号码簿,查到了自己的电话号码,然后写在纸条上交给记者。

记者感到震惊:"您可是世界上最聪明的人之一,怎么会连自己的电话号码都记不住呢?"

爱因斯坦回答道:"当我知道在哪里能够找到它的时候,我为什么还要记住它呢?"

爱因斯坦

第九章 做事要有条理

看到这里，你是不是在想，我们都应该学习爱因斯坦，照着他的这个方法行事？毕竟，他是世界上最聪明的人之一嘛！但是，请注意，每个人都有自己的独特性，我们需要因地制宜地制订出适合自己，能让自己感到自在而有效的行为体系。

乱中有序可靠吗

你身边是否有这样的同学：他们的东西看起来都是杂乱无章、混乱无序的，但有需要的时候，他们又能以惊人的速度将东西找出来？

是的，这样的人确实存在。

他们声称，所处的环境越杂乱，做事的效率越高。因此，他们的房间和工作场所总是一团糟。不过，也正如他们所说，在那样的环境中，他们仍然能很好地完成任务。他们称之为"乱中有序"。

你是其中一员吗？你感到自在吗？

我记得有个叫马库斯的学生，他的学习笔记保存得非常凌乱。他用一个塑料袋而不是文件夹来收纳笔记，也没有按学科分开整理存放。这样的收纳方式几乎让所有人都很难

再乱我也找得到！

找出自己想用的笔记，这却难不住马库斯，他仿佛拥有惊人的能力，总是想用什么就能立刻从包里找出什么。我问他是怎么做到的，他只是简单地回答说："所有东西都在袋子里呀，找起来有什么困难的呢！"

你可千万别被马库斯的话影响，大多数人都无法做到这一点。将物品有序收纳才是最合理的做法，如果你希望自己在需要时能及时找到目标的话！

第九章 做事要有条理

自我测评问卷

这里有一份问卷,请你试着完成,测试一下,在生活中,你是不是一个有条理的人。

	是	否
要用某个东西的时候,你是否会花很多时间去寻找?		
你的桌子上是否堆满了东西?		
你是否常发现自己有东西找不到了?		
你是否常常打乱任务的进度?		
你是否有时会忘记赴约?		

自我评估

如果你的回答全是"是",那么你确实需要反思一下自己当前的状态了,问问自己,对你来说什么才是最重要的。否则,你在成功之路上将会遇到很大的阻碍。只有组织、安排好了自己的生活,我们才能迎接未来的挑战并取得成功。

做事有条理才能组织他人

要想拥有良好的组织能力，首先我们自己做事就应该有条理。一旦做到这一点，得到别人的尊重和认同就很容易。有时我们可能需要去组织他人，或是临时被任命为领导者，这时我们就需要确保执行者能够接收到明确的指令。如果自己都没有条理，又怎么去组织好团队成员，激发他们的信心呢？你能想象在还没准备好的情况下就组织召开会议吗？听着毫无重点的发言，参会的人会有什么看法呢？

没打好腹稿

第九章 做事要有条理

做事有条理的方法

使用备忘录

这听起来平淡无奇,你可能认为这不值一提。但有时候,最简单的办法就是最有效的办法。我个人喜欢能显示出全月安排的备忘录(见下表)。

星期一	星期二	星期三	星期四	星期五	星期六	星期天
1	2	3	4 列出宴会承办资源	5	6	7
8	9 拟定嘉宾名单	10	11	12	13	14
15 发出邀请函	16	17	18	19	20	21
22 确定嘉宾	23	24	25	26	27	28 举行生日宴会
29	30	31				

有了这样的备忘录，我们就对整个任务有了全面的了解，可以将细节安排得更好。当然，在备忘录中，插入任务执行的重要节点以及完成期限也是不错的做法。

系统化处理

这里有一个问题需要你思考："如何吃掉一只河马？"

想不出答案了吧？想放弃了吧？

其实，答案超级简单："一口一口地吃！"

尽管这个答案听起来有些滑稽，但是有一定的道理和内在逻辑。无论我们面对的是怎样的任务，都可以采取"一口一口吃"的策略分解任务，逐步解决。

当我们需要同时处理几项任务时，可能有人会建议我

如何吃掉一只河马？

第九章 做事要有条理

们先处理难度系数比较大的任务，完成以后，剩下的就可以轻松搞定了。也可能有人建议从最简单的任务做起，这样我们就能不断获得成就感，更有动力去完成剩下的任务。对此，我建议灵活处理。如果我们被一项困难的任务卡住了，那就去做另一项简单的任务。不然的话，很可能浪费了时间，还没法取得任何进展。

及时归档——让文件堆变成文件夹

有些学生习惯把笔记和书全堆在桌子上，如果只有几本书、几本笔记，这样做当然没问题，有需要的时候还是可以很快找到的，但是你能想象在地板上把二三十本书摞起来的情景吗？也许你想找的书正好被压在这堆书的中间，这样一来，将它取出来恐怕都是一项艰巨的任务。

所以，我们为什么不把自己从这一困境中解救出来呢？

堆成小山

115

只需要购置一些收纳箱、书架，我们的桌面、房间就会更整洁有序，我们存取物品也会更容易。

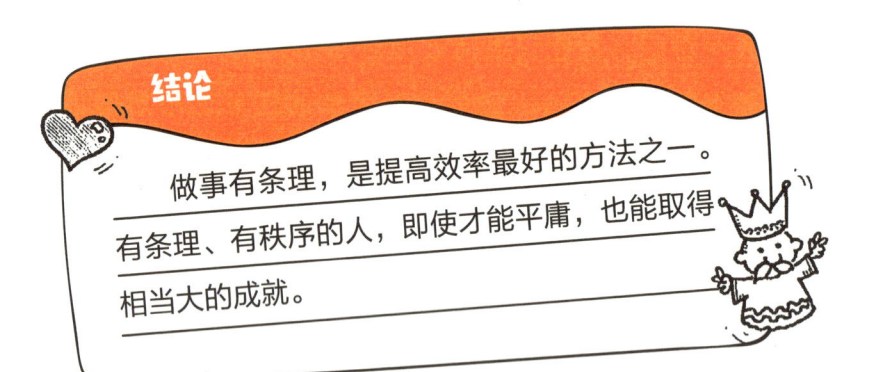

结论

做事有条理，是提高效率最好的方法之一。有条理、有秩序的人，即使才能平庸，也能取得相当大的成就。

做事有条理

第十章

摆脱消极状态

对学生而言，成功的道路上总有障碍不时出现，比如让你苦恼的消极情绪。发觉自己陷入了消极状态应该怎么办呢？积极采用作者在本章中介绍的如下几种方法进行自我调整，就可以让你挣脱消极思想的束缚：

- 第一，谨慎说话，别让消极的语言伤害自己及身边的人；
- 第二，多与积极的人交往，让自己的思想接受正能量的洗礼；
- 第三，主动抑制消极的想法，别让负面评论影响自己。

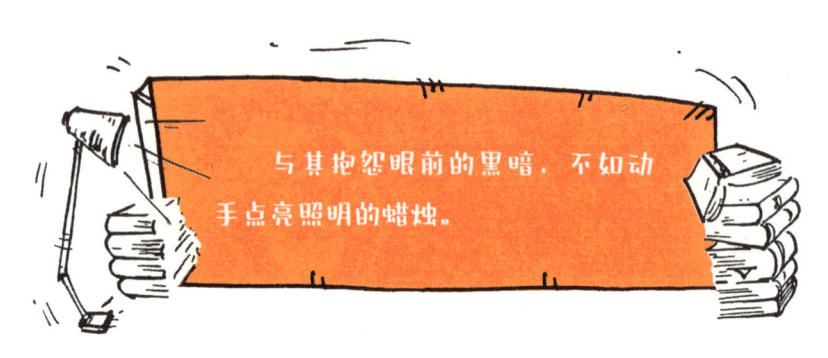

> 与其抱怨眼前的黑暗，不如动手点亮照明的蜡烛。

消极的状态

"我做不到，这太难了。"
"为什么要白费力气？反正也不管用。"
"周围的人都太聪明了，我却那么傻……"

我投降！

第十章 摆脱消极状态

我们经常能听到周围的人如此抱怨。

为什么他们总爱抱怨并且觉得自己不够好呢？是真的没有能力，不如其他人聪明吗？有可能，但并不全是。

他们消极的状态令人担忧，这种状态不仅会令他们自卑，还会在他们前进的路上制造障碍。其实，很多事情一开始并不像他们想象的那么糟，是这种消极的状态让事态变得越来越不受控制。

别总盯着消极的一面

要知道，生活有起有落，谁都不会总处于低谷，前提是，别总盯着生活中的负面因素，让自己陷入消极的状态中无法自拔。我们有时会看到或听到那些穷困潦倒的人的际遇。仔细想想，他们陷入窘境的很大一部分原因是他们无法摆脱自己的消极思想，不管发生什么事，他们最先看到的都是糟糕的那一面。

身处消极状态，我们会失去创造力，即

停止吸收负能量！

使机会来到身边，我们也无法发现，更别提抓住它了。在这种状态下，我们最终会停止尝试、放弃自我。

消极状态引发的另一个问题，就是它会造成恶性循环。消极的情绪就像野火一样，一旦点燃就可以迅速蔓延，影响我们的心态，让我们很难摆脱困境。

被"囚禁"在消极状态中

每天看报纸、看新闻节目，你会看到什么？不可避免地会有各种关于天灾人祸、生活成本不断上升的报道。虽然这些新闻都是真实的，但是太多的负面信息会让我们对

别被负面信息淹没！

第十章 摆脱消极状态

自己的处境产生消极的感受。

挣脱消极思想的束缚

我的朋友有机会去参观了马戏团的后台。他在参观被关在笼子里的动物时,惊奇地发现大象只是被一根细细的绳子拴住了前腿。它们本可以轻易地挣脱,但不知什么原因,它们并没有那样做。

在好奇心的驱使下,朋友问了近旁的一名驯兽师。驯兽师解释说,大象从小就被这样的绳子拴在笼子里。小时候它们也曾试图挣脱绳索,但那时候绳子对它们而言足够牢固,它们没能成功挣脱。长大以后,虽然这样的绳子不可能

无法挣脱思想的束缚

拴得住它们，但它们早就习惯了被束缚，根本没想再挣脱。

同样，如果我们从小就受到消极思想的束缚，那它可能就会成为我们一生的桎梏。因此，我们要学会调整自己的状态，摆脱消极思想的制约，去探索这个有着多种可能性的世界。

负面交流

发达国家的人大多注重物质享受。在新加坡，人们就忙于追逐这五个C：事业（Career）、金钱（Cash）、信用卡（Credit Card）、有独立产权的公寓（Condominium）和乡村俱乐部（Country Club）。有一些消极的人却"追求"着另外三个C：批评（Criticism）、谴责（Condemnation）和抱怨（Complaints）。

批评、谴责、抱怨　　　　TAC

第十章 摆脱消极状态

当我们接近这些人时，会出现什么状况呢？极有可能我们也受到影响，变得消极起来。

吸引力法则

所谓吸引力法则，就是指无论我们想什么，只要足够渴望，所想的都会被"吸引"到现实生活里来。如果我们总是想着负面的事情，我们就会变得消极；如果我们相信自己的能力，不断想着积极的事情，我们就能"吸引"来好的、积极的事物。你有过这种经历吗？

吸引力

故事启示录

消极放弃,还是积极求生?

三只青蛙掉进了一桶鲜奶里。

第一只青蛙听天由命,说道:"这就是命啊……"放弃了挣扎,很快死了。

第二只青蛙表现出了求生的欲望,挣扎起来,但没过多久就说:"这桶太深了,我永远也跳不出去。"于是它也放弃了,最终死去。

第三只青蛙环顾四周,说:"掉进这里,真是倒霉!但我必须活下去,我绝不放弃!"

于是,它不时地尝试着跳起来。后来,在不知经历过多少次起跳又失败之后,青蛙终于找到了一个立足点,成功脱身。是顽强的求生欲与逃脱的决心救了它。

我自由了!

第十章 摆脱消极状态

这个故事告诉我们，不要任由自己被消极的情绪所淹没，要相信，隧道里虽然黑暗，但隧道尽头总会有光明等待着你。

登山者的故事

有一天，一位资深登山者和他的年轻朋友在喜马拉雅山脉中迷路了。他们艰苦跋涉了四天四夜，仍然无法找到出路。

"我恨自己无法离开这个地方！我讨厌挫折，我多么希望它赶紧消失！"年轻人绝望地说道。

资深登山者回答道："没有人可以不遭遇挫折就成功。没有失败，哪来的成功？就像这儿，正是山谷造就了巅峰。"

"我讨厌被打败的感觉，这感觉糟透了。"年轻人抱怨道。

"你太消极悲观了，这可能是因为你走路时总向下看。"资深登山者说。

"你的意思是，走路的时候抬起头就会感觉好一些吗？"年轻人望着天空问道。

登山者

"你抬头的时候看到了什么?"资深登山者问。

"除了山顶,什么都没有。"年轻人回答。

"没错。每当遇到困难或挫折时,我都会抬起头走向高峰。我们都应该有这样的心态。"资深登山者说道。

山谷就像我们生命中的低谷阶段,山峰则代表着我们生命中最美好的阶段。所以,失落的时候,请抬起头,这样才能找到通往成功的道路。

摆脱消极状态的方法

要注意自己的言语

有时候,我们会对自己或朋友说一些消极的话,可能会伤害到身边的人,甚至强化自己头脑中的消极想法。因此,话出口之前多思量一下是否妥当。不管怎样,说什么话是我们能够控制的。

三思而后言

第十章 摆脱消极状态

与积极的人交往

你是否意识到，当和积极快乐的人交往时，自己也会变得乐观向上？这种情况发生的原因是，他们释放的正能量和营造的轻松氛围会给我们以积极正向的影响。

清除消极的想法

要控制消极的想法，不要对别人的负面评论反应过度。也许我们有时会因为这些言论而感觉受到了伤害，但我们可以试着问问自己：这些言论会对我们造成实际的伤害吗？不会。它们会让我们在当时感到难过或愤怒，但这只是暂时的，这些情绪会随着时间的流逝而消失。如果我们能有意识地摒弃这些消极的想法和情绪，它们就无法影响我们，破坏我们的生活。

消极的想法

结论

通往成功的道路并不会是一路坦途，比如消极的心态就会在前进的道路上制造阻碍。所以，一旦感觉自己产生了消极情绪，就及时调整心态，解决它吧！这样成功才会离我们越来越近。

改变消极的状态

后记

恭喜你读完了这本书！我希望你感觉这是一段丰富的令你有收获的阅读之旅。

如果你与本书的观点有共鸣，就说明你渴望并有决心去发现成功所需要的因素。不过，请注意，阅读这些获得成功所需的步骤和方法是容易的，而要把掌握到的这些知识转化为实际的行动就太难了，但这并不意味着不能实现。

开始构思这本书的时候，我告诉自己，要在一年内完成并出版它。于是我做出了承诺，并立即行动去实现它。否则，你现在就看不到这本书了。

接下来，我想给你们讲一个一直激励着我的故事。

从前，有一位教授和一个目不识丁的人是好朋友。虽然两人有着天壤之别，但他们有一个共同的目标——发家致富。教授非常聪明，学识渊博，因此他总爱在不识字的朋友面前炫耀自己的博学，比如告诉对方他所知道的所有的致富方法。不过，虽然炫耀了那么多致富经，但教授从来没实践过。

目不识丁的人非常钦佩自己的教授朋友，他认真听教授讲的内容，记下来，并积极地付诸实施。

坐而论，不如起而行

几年后，目不识丁的人成了百万富翁，而教授还是那位满腹致富经却只是侃侃而谈的教授。

这个故事的寓意是，说到，更要做到，也就是说要立即按照我们所说的采取行动。只说不动,就会和那位教授一样,永远无法实现自己的梦想。

所以,读完这本书之后,请花点时间思考你想要实现的目标,并参考书中的建议,为实现目标制订出切实可行的计划来,相信你能够获得你想要的结果。

预祝你成功。

那么,请立即行动起来!

参考书目

Canfield, Jack. 2005. *How to Get from Where You Are to Where You Want to Be*. Harper Element: London.

Davidson, Jeff. 1998. *Advantage Quest Guide to Reaching Your Goals*. Advantage Quest Publications: Malaysia.

Denny, Richard. 2002. *Succeed for Yourself, 2nd edition*. Kogan Page Limited: United Kingdom.

Khoo, Adam & Tan, Stuart. 2004. *Master Your Mind, Design Your Destiny*. Adam Khoo Learning Technologies: Singapore.

O'Conner, Joseph & Seymour, John. 2002. *Introducing Neuro-Linguistic Programming*. Element: London.

Preston, Lawrence David. 2005. *365 Ways to be Your Own Life Coach*. How To Books: United Kingdom.

Rifenbary, Jay. 2001. *No Excuse! I'm Doing It*. Possibility Press: United States of America.

Russell-McCloud, Patricia. 2002. *A is for Attitude*. Harper Collins Publishers Inc.: New York.

Shapiro, Mo. 2002. *Neuro-Linguistic Programming in a Week*. Hodder & Stoughton: United Kingdom.

Tracy, Brian. 2004. *Goals!* Berrett-Koehler Publishers, Inc: United States of America.

Treacy, Declan & Bird, Polly. 2002. *Time Management in a Week*. Hodder & Stoughton: United Kingdom.

索 引

（据英文所在页码排序，出现过的单词或短语不再重复列出）

页码	英 文	文中释义
010	TARGET	目标
011	OURSELVES	我们自己
012	IMPORTANT	重要的
	DISTRACTION	分散注意力的
013	YES!	太棒了！
017	SUCCESS	成功
020	WHICH ONE TO CHOOSE?	该选哪一朵？
032	KISS	亲吻
035	BOOK	全书
	CHAPTERS	章节
	SUB-HEADINGS	小标题
039	APPROACH	接近，靠近
042	IDEAS	想法
048	HELP!	帮帮我！
049	TICKET TO THE BANQUET	餐厅入场券
052	KNOW	知道
	HOW	如何，怎样
061	IT'S PUBLISHED!	发表了！
062	Enthusiasm!	展现激情！
064	ATTITUDE	态度
	ABILITY	能力
066	HE DID IT!	这是他干的！
068	FAILURE	失败
	FEEDBACK	反馈信息
072	GOOD NEWS? OR BAD NEWS?	好消息还是坏消息？
076	EXCUSES	借口
077	Commit	承诺；使……承担义务
	Commence	开始，着手
	Complete	完成
081	CHANGE	改变

133

页码	英文	文中释义
082	Straight As!	为考得"A"全力以赴!
084	MUST COMPLETE	必须完成
086	DONE	完成
088	SAND	沙子
	WATER	水
091	BEEP	发出嘟嘟声
	RING	铃声响
	WORK TIME	工作时间
	PLAY TIME	休闲时间
092	TIME	时间
094	TASK	任务
095	NO!	不!
099	FINISH	完成
101	FAIL!	不及格!
102	WHY PROCRASTINATE?	为什么拖延?
108	PHONE DIRECTORY	电话号码簿
110	FOUND IT!	找到了!
	HOMEWORK	家庭作业
112	ER	嗯(表示犹豫)
120	DEATH TOLL	死亡人数
	DISASTER	灾祸
122	Criticism	批评
	Condemnation	谴责
	Complaints	抱怨
127	NEGATIVE THOUGHTS	消极的想法
128	NEGATIVITY	消极
130	BLAH	如何如何(用来代替说的话很多)

致　谢

我原本以为,凭借着创作前一本书的成功经验,写这本书会更容易些。乖乖,是我想错了!我为自己设定的更高的期望使它比前一本书更具有挑战性。如果没有我周围的人给予我信任与支持,可以说,这将是一项不可能完成的任务!

我要感谢以下各位,是你们给我的生活带来重要影响,帮助我克服在创作过程中遇到的困难。排名不分先后:

我至爱的妻子 Pauline(宝琳),你是我的灵感源泉和精神支柱。

我甜蜜可人的女儿 RaeAnne(瑞安),你每天都为我带来欢笑。

我亲爱的父母和兄弟,感谢你们给予我无条件的爱和支持。

我所有的老师和导师,你们给予我指导,对我的成长产生了重要的影响,塑造了今天的我。特别感谢 Ho Chee Lick(何志立)教授、Paulin Straughan(波林·斯特劳恩)教授、Kay Moulmein(凯·莫梅恩)教授和 Linda Thompson(琳达·汤普森）教授。

我在新加坡义安小学、德明政府中学、维多利亚初级学院、新加坡国立大学与南洋理工大学上学时期的朋友们和伙伴们，谢谢你们多年来分享给我的快乐和欢笑。

维多利亚初级学院的朋友们及同事们，感谢你们的帮助和陪伴，你们是一群了不起而且很有趣的人。

维多利亚初级学院前任及现任校长：Lee Phui Mun（李佩文）夫人、Chan Khah Gek（陈嘉庚）夫人和 Chan Poh Meng（陈德孟）先生，以及副院长 Fong Yeow Wah（方耀华）先生，感谢你们对我所做的事的支持和信任。

还要感谢 Kirpal Singh（科帕尔·辛格）教授，为这本书写出如此精彩的前言。

感谢 Adam Khoo（邱缘安）、Stuart Tan（斯图亚特·谭）、Conrad Alvin Lim（康拉德·艾文·林）、Gary Lee（李智辉）、Merry Riana（梅丽·雷安娜）、Rita Emmett（丽塔·艾米特）、Khoo Siew Chiow（邱瑞昭）和 Elim Chew（周士锦），感谢你们的鼓励、给予的珍贵友情，我还有许多地方需要向你们学习，我时时刻刻期待着。

感谢 Johnson Lee（李思捷）提供的宝贵建议、指导，给予我的珍贵友情。

特别感谢我 2007 届 A12、S35、S44、S54 及 2008 届 A13、S30、S62 班的学生，希望你们继续奋斗，把握现在，未来可期！

最后但并非不重要的是，感谢我所有的学生，你们同样对我的生活产生了巨大的影响。请继续努力，争取获得更大的成功！